Editorial Everest, s. a.

MADRID • LEON • BARCELONA • SEVILLA • GRANADA • VALENCIA
ZARAGOZA • LAS PALMAS DE GRAN CANARIA • LA CORUÑA
PALMA DE MALLORCA • ALICANTE – MEXICO • BUENOS AIRES

Zülal Aytüre-Scheele

El libro del
Origami

Papiroflexia para grandes y pequeños

ÍNDICE

Prólogo	5
Papeles de Origami	6
Reglas básicas	7
Contradoblez	8

Figura base I — 10

Cisne	10
Cisne bebé	12
Monito	13
Pavo real	14
Pingüino	16
Bosque	18
Elefante	20
Perrito	22
Máscara de pirata	22
Adornos	24

Figura base II — 25

Molino	26
Adornos	26
Pez	28

Figura base III — 30

Sombrero	30
Pez de colores	31

Figura base IV — 32

Barco de vapor	32
Papá Noël	33
Decoración de mesa	34
Portarretratos	35

Figura base V — 36

Florero	37
Mariposa	38
Globo	40
Acuario	41

Figura base VI — 42

Violeta	43
Rosa	44
Cajita estrellada	46
Lirio	48
Rana	50
Cangrejo	52
Nenúfar	54
Grullas	56

Figura base VII — 57

Grulla volando	58
Grulla parada	59
Grulla incubando	60
Estrellas	62
Estrella A	63
Estrella B	64
Liebre	66
Máscara de diablo	68
Máscara de zorro	72
Desierto	75
Camello	76
Árbol de Navidad	80

Temas variados

Bota	81
Pez hablando	82
Mono	83
Tarjetas	86
Tarjetas de mesa	88

Después del gran éxito de mi libro «El libro del Origami», he decidido continuarlo. La segunda entrega se titula: «Nuevas ideas de Origami». En él encontrarán más ideas que les divertirán al realizarlas.

Prólogo

Origami es el casi milenario arte japonés de la papiroflexia. En sus orígenes, el Origami fue un hermoso pasatiempo en la corte imperial japonesa. Pero en el transcurso de los siglos se empezó a conocer también fuera de la corte, hasta llegar a convertirse en un arte popular. En la vida diaria japonesa el arte de la papiroflexia es tan popular hoy entre niños y adultos como hace siglos. Pero también fuera de Japón, el Origami ya ha dejado de ser un concepto extraño y hoy hay cada vez más personas (niños y adultos) que se entusiasman con este arte.

Con papeles de colores se pueden conseguir artísticas figuras: animales, máscaras, flores, adornos festivos... Es muy divertido ver cómo un trozo de papel se convierte por medio de pliegues en una hermosa flor o en un animal de colores. El Origami exige concentración, estimula la fantasía y ejercita la habilidad de los dedos.

El Origami también puede tener utilidad. Se pueden hacer figuras colgantes para la habitación de los niños, o un magnífico ramo de flores para la mesa de cumpleaños. También es muy divertido hacer máscaras para el carnaval. En este libro presento 38 figuras típicas de Origami que están dobladas partiendo de siete formas básicas especiales.

Zülal Aytüre-Scheele

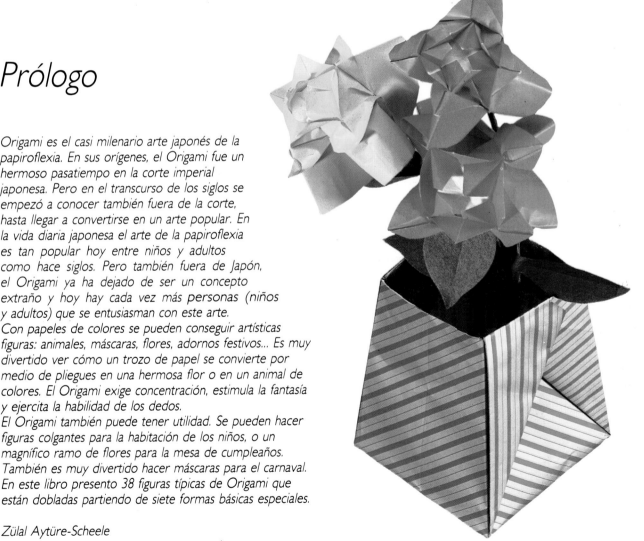

Papel para Origami

En Japón hay un gran surtido en papel para Origami: con dibujos de un color, de dos; una cara con dibujos o de colores, y la otra cara, blanca. Hay hojas grandes que puedes cortar a tu gusto, y otras más pequeñas que ya tienen el tamaño adecuado de muchas figuras de Origami. Este papel existe en la más variada gama de calidad y se vende en cualquier establecimiento.

Pero también se pueden hacer las figuras con otros papeles, por ejemplo con papel de regalo o papel de trabajos manuales. Al comprarlo simplemente hay que tener en cuenta que el papel esté liso, es decir, que al doblarlo no se rompa, no se estire o se ponga ondulado. Lo mejor es utilizar papel fino de papiroflexia.
Es muy divertido comprar el papel y

elegir los colores y dibujos para las diferentes figuras. Quien ya tenga un poco de experiencia con la papiroflexia se dará cuenta de que la correcta elección del papel para el Origami exige mucho tacto y ya es por sí solo un verdadero arte.
Si en este libro se necesita papel especial para determinadas figuras, se indicará oportunamente.

Reglas básicas

Reglas que deben observarse en la papiroflexia:

1. Doblar las figuras sobre una superficie lisa y llana.

2. Medir los papeles con mucha exactitud y recortarlos con cuidado.

3. Realizar los dobleces con mucho esmero (marcar los dobleces con la uña del pulgar).

4. Empezar siempre por la figura base de la que parte el modelo. Es aconsejable empezar por el principio del libro, ya que las figuras, en parte, se basan en otras figuras anteriores.

5. Los diferentes pasos no deben ser considerados aisladamente, sino que siempre se tienen que ver en relación con el paso anterior.

6. No hay que perder la paciencia si no se consigue un pliegue, o incluso una figura entera. En este caso, empezar desde el principio otra vez, y revisar si se observaron todas las palabras, flechas o direcciones de doblez.

Contradoblez

El contradoblez es el pliegue o doblez más frecuente que, al principio, causa las mayores dificultades. Por esto es aconsejable ejercitar los dedos con este doblez antes de comenzar con las primeras figuras. El tiempo que se gaste aquí no será en vano, pues cuanto mejor se domine el contradoblez, tanto más hermosas serán después las figuras dobladas.

1. El punto de partida es un papel cuadrado al que...

2. ...se le hará un doblez diagonal. Doblar el lado izquierdo, arriba y abajo, sobre el doblez diagonal.

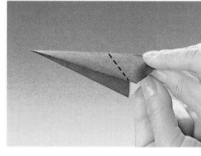

3. Doblar el papel por el medio de tal manera que el lado blanco quede hacia dentro. Sobre la línea marcada...

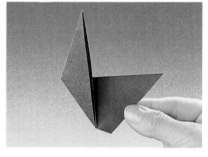

4. ...doblar el extremo izquierdo hacia arriba.

5. Desdoblar otra vez y abrir la figura desde abajo...

6. ...y por los dobleces que aparecieron en el paso 4...

7. ...volver hacia fuera el extremo izquierdo de tal manera que aparezca la figura del paso 8. Este pliegue lo llamaremos contra-doblez.

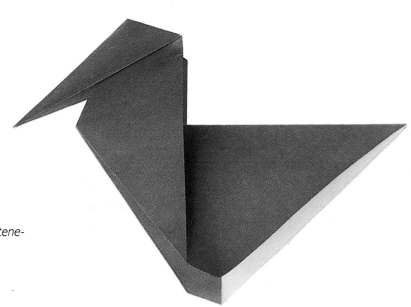

Con este ejercicio de dedos ya tenemos el primer pato fácil.

8. Alisar el doblez. Por la línea auxiliar...

9. ...doblar el extremo superior hacia la izquierda.

10. Deshacer otra vez el doblez y abrir un poco la punta.

11. En los dobleces que han aparecido...

12. ...doblar la punta sobre el papel que está debajo...

13. ...hacia la izquierda.

FIGURA BASE I

1. El punto de partida es una hoja de papel cuadrada.

Cisne

1. Empezar con la figura base I. Doblar por el medio la forma, teniendo en cuenta que los lados doblados queden hacia dentro.

4. ...hacia arriba y desdoblarlo otra vez.

2. Hacer primero diagonalmente un doblez en el medio.

2. Doblar el papel hacia arriba sobre la línea marcada; y lo mismo por el lado de atrás.

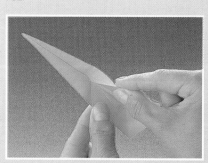

5. Abrir la forma desde abajo.

3. Juntar sobre este doblez los dos lados de la izquierda y doblarlos. Esta es la figura base.

3. Doblar el extremo izquierdo por la marca...

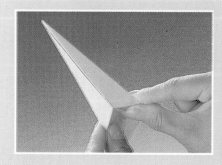

6. Sobre el nuevo doblez...

7. ...doblar hacia arriba la parte izquierda de la forma. Por la línea señalada...

11. Por las líneas auxiliares...

15. ... y doblar hacia dentro...

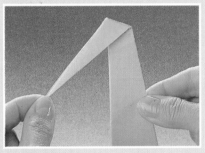

8. ...doblar la punta hacia la izquierda y desdoblarla otra vez.

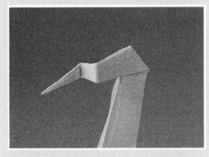

12. ...hacer dos dobleces paralelos.

16. ...sobre el doblez.

9. Abrir la parte superior de la punta.

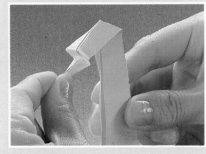

13. Doblar el papel sobre el primer doblez hacia dentro y sobre el segundo hacia fuera.

17. Tirar un poco hacia arriba de la punta de la cola, apretar en el medio hacia dentro y doblar.

10. Doblar la punta hacia la izquierda sobre el nuevo doblez.

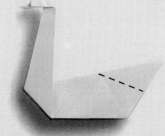

14. Doblar primero la cola sobre la línea marcada...

18. El cisne está terminado.

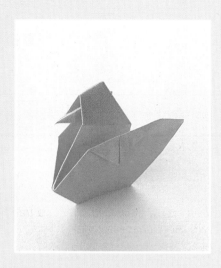

Cisne bebé

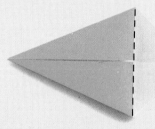

1. El punto de partida es la figura base 1 (pág. 10). Doblar el triángulo blanco...

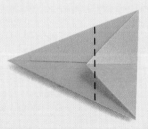

2. ...por la marca hacia la izquierda. Por la línea trazada...

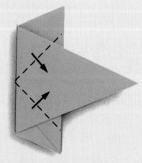

3. ...doblar la punta izquierda hacia la derecha. Finalmente...

4. ... doblar el lado izquierdo, arriba y abajo, sobre la línea horizontal.

5. Coger la figura en la mano, abrirla por el lado inferior...

6. ...y doblar las alas.

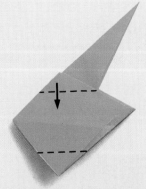

7. Doblar el papel por la marca superior; repetirlo en la parte posterior. Hacer un doblez primero por la marca inferior.

8. Doblar por la línea trazada.

9. ...abrir la punta y doblar por los dobleces hacia la izquierda.

10. Abrir la figura por el doblez inferior y apretar hacia dentro el pequeño triángulo. Doblar la cabeza por la primera marca...

11. ...hacia dentro y por la segunda marca hacia fuera. El cisne bebé está terminado.

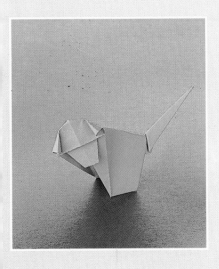

Monito

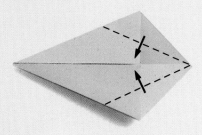

I. Empezar con la figura base I. Doblar el lado derecho...

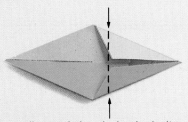

2. ...arriba y abajo, siguiendo la línea central horizontal. Doblar por la primera línea trazada (I)...

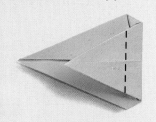

3. ...la punta derecha hacia la izquierda y por la segunda (2)...

4. ...hacia la derecha. Doblar la parte derecha de la forma por la línea auxiliar inferior...

5. ... hacia arriba y alisar...

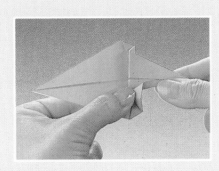

6. ...el nuevo triángulo. Repetir lo mismo por la línea auxiliar superior.

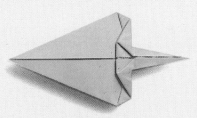

7. Doblar la figura por el medio.

8. ...Doblar hacia arriba...

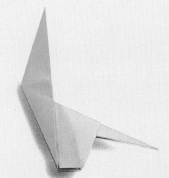

9. ...la punta izquierda por la línea trazada. Abrir el lado izquierdo de la figura...

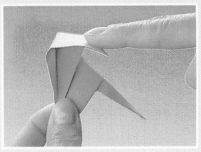

10. ...y aplastar un poco en el medio la punta superior. Tirar hacia abajo y alisarla.

II. Hacer tres dobleces por las líneas. Doblar el papel en el primer doblez hacia dentro, en el segundo hacia fuera y en el tercero hacia dentro.

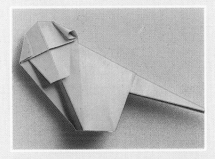

12. Doblar hacia delante la esquina superior derecha e izquierda y redondearla; doblar la cola hacia arriba.

Pavo real

4. ...hacia la izquierda. Doblar la mitad superior por la línea central hacia abajo.

5. Hacer un doblez previo de la punta izquierda...

El papel

A. Una pequeña hoja de papel para el cuerpo (por ejemplo, de 10 cm).

B. Para la cola, una hoja de papel cuatro veces más grandes que la hoja **A** (20 × 20 cm).

C. Un papel muy pequeño para la cresta (por ejemplo, de 3 cm).

El cuerpo

1. Hacer figura base I (pág. 10) con el papel **A**. Por las marcas...

2. ...doblar el lado derecho, arriba y abajo, haciéndoles coincidir sobre la línea central horizontal. Dar la vuelta a la figura.

3. Doblar la punta derecha por la línea marcada...

6. ...por la línea auxiliar.

7. Abrir la punta por abajo...

8. ...y doblar hacia arriba por el nuevo doblez.

14

9. Doblar la punta superior por la línea señalada.

10. Abrir la punta.

11. Doblar el papel por el nuevo doblez hacia la izquierda.

12. El cuerpo está terminado.

La cola

1. Utilizar el papel **B** y doblarlo como una armónica.

2. Juntarlo en el medio.

3. Colocar el cuerpo en el centro del abanico y pegar los lados interiores del abanico.

La cresta

1. Tomar el papel **C** y doblarlo como una armónica.

2. Doblarlo en el medio y pegar los lados interiores.

3. Pegar la cresta detrás de la cabeza del pavo real.

Pingüino

5. Doblar en el medio la figura.

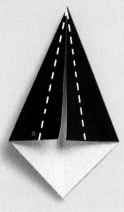

1. Empezar con la figura base I. Doblar hacia fuera por las líneas marcadas...

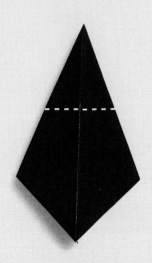

3. Doblar hacia abajo la punta superior...

6. Tirar de la punta superior...

2. ...el ala izquierda y derecha. Dar la vuelta a la figura.

4. ...por la línea señalada. Doblar hacia arriba por la marca la punta inferior y superior.

7. ...hacia la derecha. Alisar y asegurar el doblez.

8. Doblar la punta superior por la línea señalada...

11. En el mismo doblez volver hacia fuera la punta.

14. Doblar las alas por la línea auxiliar hacia la izquierda. Repetir lo mismo en el lado de atrás.

9. ...hacia la izquierda.

12. Hacer dos dobleces paralelos por las líneas trazadas.

15. Doblar la parte anterior derecha de la figura por la marca hacia dentro. Dar la vuelta a la figura y repetir el doblez en el lado de atrás.

10. Abrir el doblez.

13. Doblar por el primer doblez la punta hacia la derecha y por el segundo doblez hacia la izquierda.

16. Éste es el pingüino terminado.

Bosque

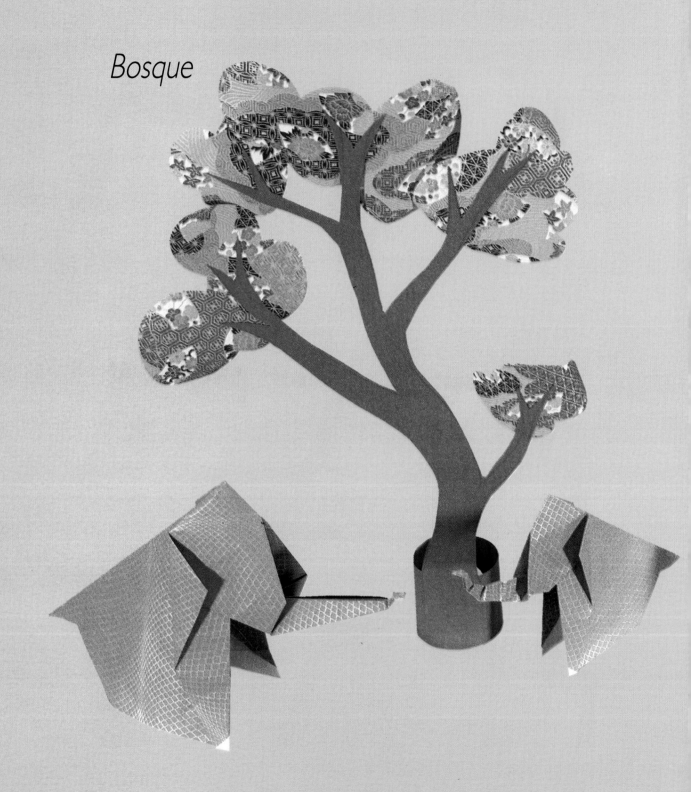

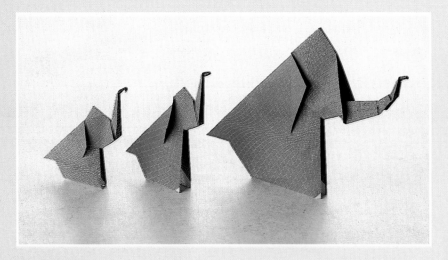

7. Doblar por la línea trazada.

Elefante

1. Empezar con la figura base I. Doblar por la línea señalada la esquina derecha...

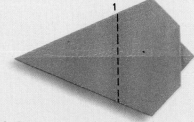

4. Doblar la esquina izquierda por la primera línea auxiliar (*1*)...

8. Abrir un poco la figura por abajo.

2. ...hacia la izquierda. Doblar la misma esquina por la línea auxiliar...

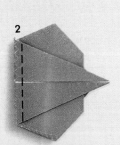

5. ...hacia la derecha y por la segunda (*2*)...

9. Doblar hacia fuera el papel por el nuevo doblez.

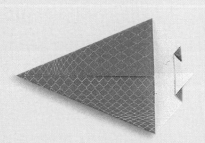

3. ...otra vez hacia la derecha. Dar la vuelta a la figura.

6. ...hacia la izquierda. Doblar la figura en el medio.

10. Doblar previamente por la línea trazada.

11. Abrir un poco la cabeza por abajo y...

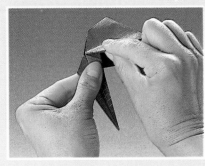

15. ...el pequeño triángulo originado por el doblez. Repetir lo mismo en la parte de atrás.

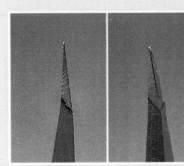

19. ...por la marca la punta de la trompa. Abrir la parte superior de la punta y...

12. ...doblar hacia dentro la punta por el nuevo doblez.

16. Doblar por la línea auxiliar y tirar hacia arriba...

20. ...apretarla hacia la izquierda hasta que aparezca una forma romboidal. Alisar la forma romboidal y doblar otra vez la punta hacia dentro.

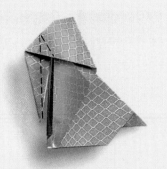

13. Hacer un pronunciado doblez por las líneas señaladas.

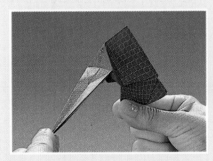

17. ... de la trompa por el doblez.

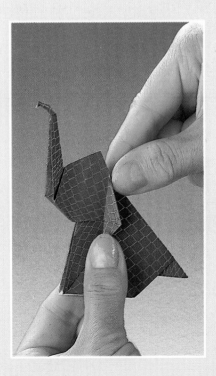

21. Doblar hacia la izquierda las orejas. El elefante está terminado.

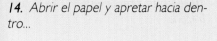

14. Abrir el papel y apretar hacia dentro...

18. Aplastar la trompa para asegurar así la figura. Doblar hacia la izquierda...

I. Empezar con la figura base I. Doblar hacia abajo...

Perrito

I. Empezar con el paso **10** del elefante. Hacer los dobleces paralelos por las líneas trazadas.

3. Doblar otra vez hacia dentro la punta izquierda por la marca.

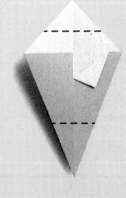

2. ...la esquina derecha por la línea trazada. Doblar por las marcas...

2. Doblar la punta izquierda por el doblez derecho hacia dentro y por el izquierdo hacia fuera.

4. El perrito está terminado.

3. ...la punta superior hacia abajo y la punta inferior hacia arriba. Hacer dos dobleces paralelos por las líneas auxiliares.

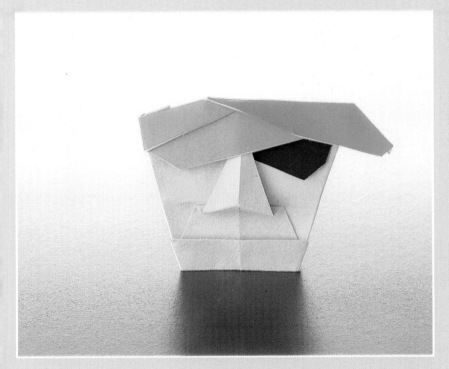

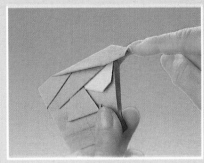

8. ...también hacia atrás la mitad izquierda de la cara. Entonces se doblará el pañuelo por la segunda línea auxiliar (**2**) hacia dentro...

9. ...para que aparezcan los nudos.

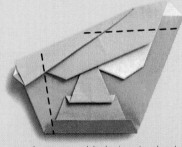

4. Doblar por el doblez inferior hacia dentro y por el superior hacia arriba. Ésta es la boca. Para la nariz, hacer otra vez dos dobles paralelos. Doblar por la línea de trazos superior...

6. ...por la marca el lado izquierdo del pañuelo de la cabeza. Doblar hacia abajo por la línea auxiliar el lado derecho del pañuelo de la cabeza. Por la línea de trazos...

10. Formar la nariz.

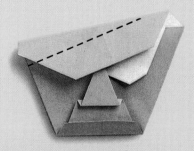

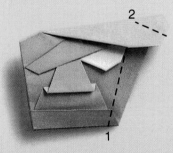

5. ...la parte superior hacia abajo. Doblar la nariz por el doblez inferior hacia abajo y por el superior hacia arriba. Volver hacia atrás la punta del parche del ojo. Volver hacia delante...

7. ...doblar hacia atrás la mitad derecha de la cara... Por la primera marca (**1**) doblar...

11. Una vez que esté pintado de negro el parche del ojo y el pañuelo de la cabeza de rojo, habremos terminado la máscara de pirata.

Adornos

FIGURA BASE II

3. Doblar el lado superior e inferior haciéndolos coincidir sobre la línea central horizontal y desdoblarlos otra vez.

6. Levantar las esquinas inferiores de dentro y tirar hacia fuera.

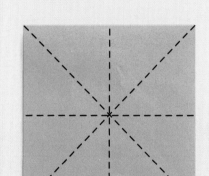

1. Doblar previamente una hoja de papel cuadrada por las líneas auxiliares.

4. Por las líneas auxiliares...

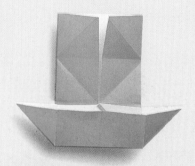

7. Hacer coincidir el lado inferior de la figura con la línea central horizontal.

2. Doblar el lado izquierdo y derecho haciéndolos coincidir en la línea central vertical. Dentro quedará el lado blanco del papel.

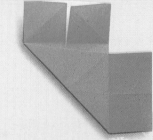

5. ...doblar previamente.

8. Volver la figura 180 grados (ponerla cabeza abajo) y repetir los pasos **6** y **7**.

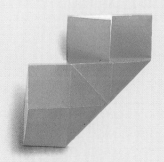

9. Ésta es la figura base II.

Molino

Adornos

1. Empezar con la figura base II. Por la línea auxiliar...

3. Así está terminado el molino.

1. El punto de partida es la figura del molino.

2. ...doblar la punta superior izquierda hacia arriba y la punta inferior derecha hacia abajo.

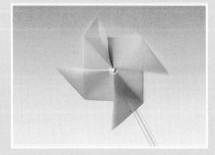

4. Se puede clavar el molino con una pequeña aguja a un palito. Y si se sopla, da vueltas.

2. Levantar hacia arriba una de las puntas...

3. ...abrirla...

7. ...abrirlo...

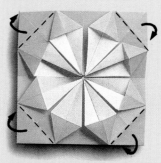

9. Doblar hacia atrás las cuatro esquinas de la figura por las líneas de trazos.

4. ...aplastarla y doblarla. Repetir lo mismo con las otras tres puntas.

8. ...separarlo y doblar. Repetir lo mismo con el doblez izquierdo y con los otros tres cuadrados.

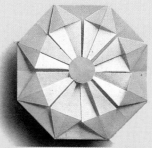

10. Pegar en el medio un trozo de papel redondo.

5. Doblar previamente los lados interiores de cada pequeño cuadrado por las líneas auxiliares, haciéndolos coincidir sobre el doblez del medio.

6. Levantar perpendicularmente el doblez derecho...

11. Pegar seis medallones por las esquinas. El adorno está terminado.

Pez

Se necesita una hoja de papel cuadrada. Si se quiere que la boca del pez no sea blanca, entonces se deben utilizar dos papeles de colores del mismo tamaño, cuyos lados blancos se peguen uno sobre el otro.

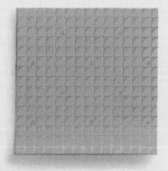

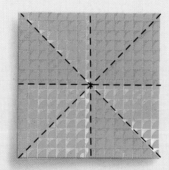

1. Doblar el papel por las líneas auxiliares.

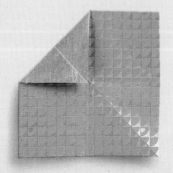

2. Doblar la esquina superior izquierda haciéndola coincidir con el punto central. Dar la vuelta a la figura.

3. A partir de aquí se seguirá trabajando como con la figura base II. Primeramente doblar el lado derecho e izquierdo...

4. ...haciéndolos coincidir con la línea central perpendicular y después el lado superior e inferior...

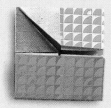

5. ...doblarlos, haciéndolos coincidir con la línea central horizontal.

6. Deshacer otra vez los dobleces. Por la primera (1) línea auxiliar...

7. ...doblar la esquina izquierda inferior hacia la derecha...

8. ... y por la segunda línea auxiliar (2) doblar la esquina derecha inferior hacia la izquierda. Deshacer estos dos últimos dobleces.

9. Levantar las esquinas interiores de abajo y tirar hacia fuera.

10. Hacer coincidir el lado inferior con la línea central horizontal.

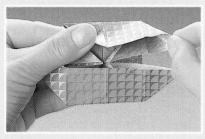

11. Tirar de la punta superior hacia fuera, haciendo coincidir el lado superior con la línea central.

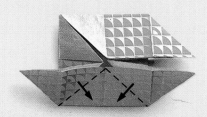

12. Doblar por las líneas auxiliares hacia abajo.

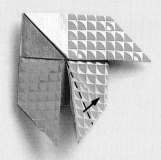

13. Doblar la punta derecha de abajo a lo largo de la línea marcada...

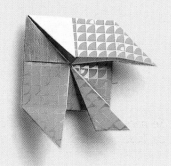

14. ...hacia la derecha y dar la vuelta a la figura.

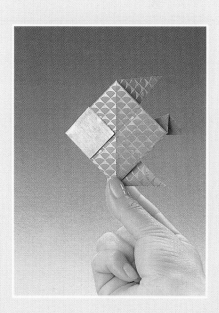

15. El pez está terminado.

FIGURA BASE III

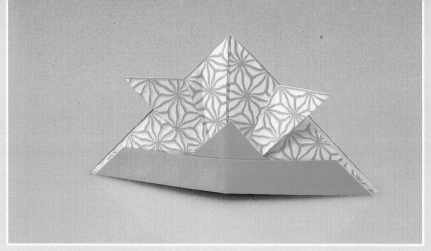

Sombrero

I. Tomar una hoja de papel cuadrada.

2. Doblarla diagonalmente, teniendo en cuenta que el lado blanco quede hacia dentro.

3. Por las líneas de trazos doblar hacia abajo la esquina

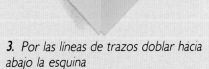

4. Ésta es la forma básica III.

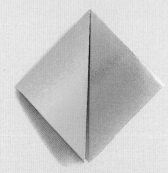

I. Empezar con la figura base III. La punta abierta está dirigida hacia abajo.

2. Doblar las dos alas de la parte anterior en el medio y doblar hacia arriba. Por las líneas indicadas...

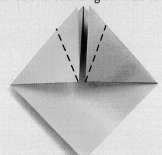

3. ...doblar el ala derecha hacia la derecha y el ala izquierda hacia la izquierda. Por la primera (*1*) línea auxiliar...

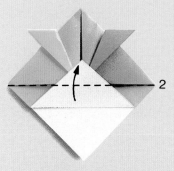

4. ...doblar la punta inferior hacia arriba y por la segunda (*2*) línea auxiliar...

5. ...doblar el papel otra vez hacia arriba. La parte de atrás del papel se dobla hacia atrás.

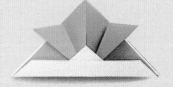

6. El sombrero está terminado.

30

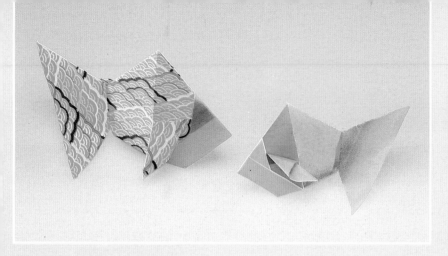

7. *Abrir la figura.*

Pez de colores

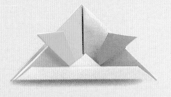

1. *La figura de partida es el sombrero.*

4. *Abrir con la tijera los dos lados por la marca, abajo...*

8. *Tirar de la cola de la esquina superior hacia atrás y doblar.*

2. *Abrir la figura...*

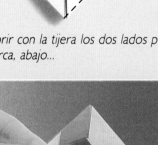

5. *...a la derecha.*

9. *Doblar el lado inferior por la marca hacia dentro; repetir lo mismo en el lado posterior.*

3. *...apretar por ambos lados y doblar.*

6. *Hacer un doblez muy pronunciado por la línea de trazos.*

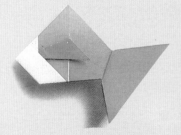

10. *El pez de colores está terminado.*

Variaciones: *Se pueden doblar las aletas hacia abajo y pintar la boca o pegar en ellas papel de colores.*

FIGURA BASE IV

Barco de vapor

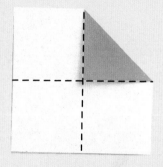

1. Doblar previamente un papel cuadrado en el medio. Doblar sobre el punto central...

2. ...las cuatro esquinas.

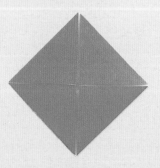

3. Esta es la figura base IV.

1. Empezar con la figura base IV. Dar la vuelta a la figura.

2. Las cuatro esquinas...

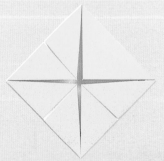

3. ...doblarlas sobre el punto central. Dar la vuelta otra vez a la figura.

4. Las cuatro nuevas esquinas...

5. ...doblarlas sobre el centro. Dar l vuelta a la figura.

6. Ahora hay cuatro pequeños cua drados en un cuadrado grande.

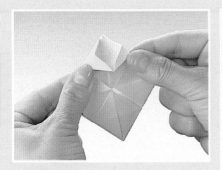

7. Abrir uno de los pequeños cuadrados y aplastarlo.

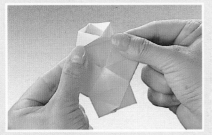

8. Repetir lo mismo con el cuadrado de enfrente. Éstas serán las dos chimeneas.

Papá Noel

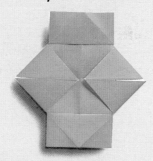

1. Empezar con el paso **8** del barco de vapor.

4. El cuarto cuadrado será la cabeza. Doblar...

9. Sacar hacia fuera las esquinas del tercer y cuarto cuadrado que están juntas en el punto central y entonces, doblar, una sobre otra, las dos chimeneas.

2. Abrir otro cuadrado más...

5. ...los brazos por las líneas trazadas hacia dentro.

10. Pintar los anillos de las chimeneas con un lápiz de colores. El barco de vapor puede hacerse a la mar.

3. ...y alisarlo.

6. Adornar el abrigo, pintar la cara y pegarle una barba. Este es el Papá Noel.

Decoración de mesa

Portarretratos

1. Empezar con el paso **8** del barco de vapor. Abrir también los otros pequeños cuadrados...

2. ...y aplastarlos. Dar la vuelta a la figura.

3. Doblar hacia fuera las cuatro esquinas que están en el punto central.

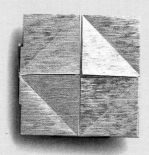

4. Dar la vuelta a la figura.

5. A ambos lados habrá ahora una figura rectangular. Levantar perpendicularmente...

6. ...una esquina de una figura rectangular...

7. ...abrirla y aplastarla.

8. Hacer lo mismo con la otra esquina de este rectángulo y repetirlo con las otras tres figuras rectangulares. El marco del cuadro está listo. Se puede cambiar el marco del cuadro doblando hacia atrás...

9. ...las cuatro esquinas por las líneas auxiliares.
Este marco se puede colgar perfectamente.
Si se da la vuelta a la figura y se abren hasta la mitad los triángulos inferiores, el marco se puede exponer.

FIGURA BASE V

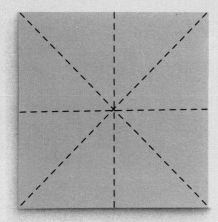

1. Doblar una hoja de papel cuadrada dos veces por el medio y otras dos veces diagonalmente...

2. ...para que salgan los dobleces hechos.

3. Doblar el papel por el medio de tal manera que dentro quede el lado blanco.

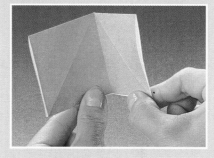

4. Levantar la mitad derecha verticalmente...

5. ...abrirla...

6. ...y aplastarla.

7. Doblar hacia la derecha...

8. ...la nueva ala izquierda.

9. Repetir con la mitad izquierda de la figura los pasos **3** a **6**.

10. Ésta es la figura base V.

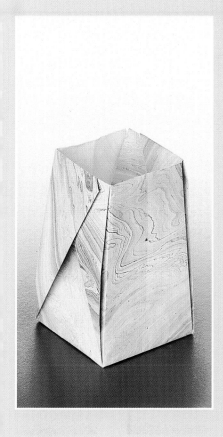

Florero

3. Doblar hacia atrás y hacia dentro...

7. Hacer un doblez pronunciado por la línea de trazos.

4. ...la parte superior del ala por la línea marcada.

8. Abrir el florero. Con ayuda del predoblado dar a la base su forma cuadrada.

1. Empezar con la figura base V. La punta quedará hacia abajo. Por la primera línea auxiliar (**1**)...

5. Doblar el ala anterior derecha por la primera línea auxiliar (**1**) hacia la izquierda, y por la segunda, hacia la derecha.

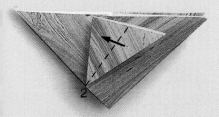

2. ...doblar el ala anterior izquierda hacia la derecha, y por la segunda línea auxiliar (**2**), hacia la izquierda.

6. Repetir los pasos **3** y **4**. Dar la vuelta a la figura y repetir lo mismo por el lado posterior.

9. Éste es el florero.

Mariposa

Se pegan dos papeles cuadrados del mismo tamaño y con diferentes dibujos y a partir de aquí se los considerará como una única hoja de papel.

1. El punto de partida es la figura base V. La punta de la figura está hacia abajo.

2. Doblar hacia arriba la punta inferior por la línea trazada. Dar la vuelta a la figura.

3. Abrir la parte anterior de la figura.

4. Aplastar las puntas de ambas alas internas, haciéndolas coincidir sobre la línea central horizontal.

13. Por las líneas auxiliares...

5. Seguir abriendo la figura por ambas alas hasta llegar a la línea de trazos y después aplastarla.

9. Doblar la figura por el medio. Por las líneas auxiliares...

14. ...doblar hacia abajo las dos puntas superiores de las alas.

6. Hacer un corte por la marca...

10. ...doblar hacia arriba las alas y alisarlas para que aparezcan unos dobleces muy pronunciados. Ésta es la mariposa sencilla.

7. ...hasta el centro de la parte inferior. Doblar las nuevas esquinas por las líneas señaladas...

11. Si se quiere hacer la mariposa complicada, entonces hay que abrir otra vez la figura y darle la vuelta. Doblar por la línea de trazos...

15. Doblar por el medio la figura.

8. ...hacia la derecha y hacia la izquierda.

12. ...la punta superior hacia abajo. Dar otra vez la vuelta a la figura.

16. Abrir otra vez la figura. Con la ayuda de dobleces previos dar al cuerpo una forma plástica, de tal manera que se diferencie de las alas. La mariposa está terminada.

Globo

5. Por las líneas auxiliares...

6. ...doblar hacia abajo las puntas delanteras superiores. Y doblarlas pronunciadamente por las líneas señaladas.

7. Meter los triángulos superiores en los inferiores. Repetir lo mismo por el lado posterior.

1. Empezar con la figura base V. La punta quedará hacia arriba. Doblar hacia arriba...

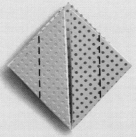

3. Repetir lo mismo en el lado de atrás. Doblar previamente la figura por la línea central horizontal. Doblar la esquina anterior, derecha e izquierda...

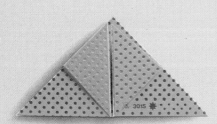

2. ...las dos alas delanteras por las marcas.

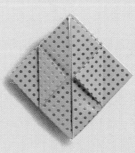

4. ...por las líneas de trazos, haciéndolas coincidir sobre el punto central; hacer lo mismo por el lado posterior.

8. Soplar con fuerza el globo por el agujero que hay en la punta inferior.

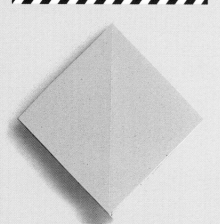

FIGURA BASE VI

3. Levantar verticalmente la mitad derecha del papel...

6. Alisar el doblez. Doblar hacia la derecha...

4. ...abrirla...

7. ...el ala izquierda.

1. Se dobla cuatro veces por el medio, por las líneas de trazós, una hoja de papel cuadrada, de tal manera que aparezcan cuatro dobleces pronunciados.

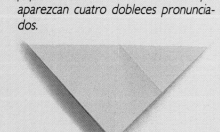

2. Hacer un doblez diagonal por el medio. El lado blanco queda hacia dentro.

5. ...y aplastarla.

8. Repetir los pasos **3** a **7** con la mitad izquierda de la figura.

9. Ésta es la figura base VI.

Violeta

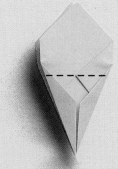

5. Repetir lo mismo en la parte posterior. Hacer un doblez pronunciado por la marca.

1. El punto de partida es la figura base VI. La esquina abierta queda hacia arriba. Doblar...

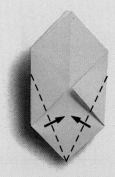

3. Repetir lo mismo en la parte posterior. Doblar por las marcas...

6. Abrir la parte superior de la figura.

2. ...la esquina izquierda y derecha anteriores por las líneas auxiliares, haciéndolas coincidir en el centro.

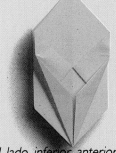

4. ...el lado inferior anterior, derecho e izquierdo, haciéndolos coincidir en la línea central.

7. La figura está terminada.
Si se la sujeta con un alambre fino, el capullo tendrá un tallo. Con papel de colores se puede hacer el polen y ponerlo en el centro de la flor.

Rosa

La rosa es una combinación de las figuras base IV y VI.

1. Doblar dos veces previamente un papel cuadrado diagonalmente. (Por ejemplo, de 24 cm de lado).

3. Doblar otra vez las cuatro esquinas del nuevo cuadrado, haciéndolas coincidir sobre el punto central.

5. ...doblar hacia fuera las cuatro esquinas que están juntas en el punto central. Entonces, las esquinas estarán en el medio de los lados exteriores. A partir de aquí se añadirá la figura base VI. Considerar la figura como si fuera una sola hoja de papel cuadrada. Hacer dos dobleces muy pronunciados por las líneas de la marca.

6. Doblar la figura diagonalmente por el centro. (Los dobleces quedarán hacia fuera).

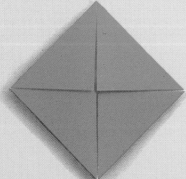

2. Doblar las cuatro esquinas haciéndolas coincidir sobre el punto central. El lado blanco queda hacia dentro.

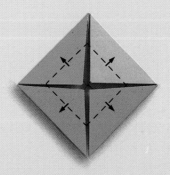

4. Doblar por tercera vez las esquinas, haciéndolas coincidir sobre el punto central. Por las líneas auxiliares...

7. Levantar verticalmente la mitad derecha del papel...

8. ...abrirlo...

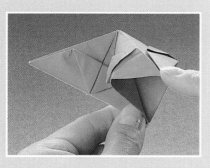

9. ...aplastarlo y alisar los dobleces.

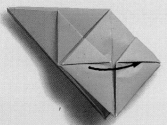

10. Doblar hacia la derecha...

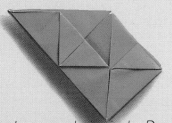

11. ...la nueva ala izquierda. Dar la vuelta a la figura. Repetir los dobleces desde el paso **7.**

12. Ésta es la nueva versión de la figura base VI.

13. Sujetar la figura con cuatro dedos por las cuatro puntas inferiores.

14. Redondear las cuatro aberturas.

15. Gire un poco hacia arriba las hojas exteriores.

16. Abrir las hojas centrales.

17. Hacer lo mismo con las hojas interiores.

18. La rosa está terminada.
Sujetar las puntas abiertas a un tallo. Se puede envolver el tallo con papel cresponado.

45

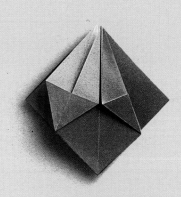

5. ...y aplastarla.

Cajita estrellada

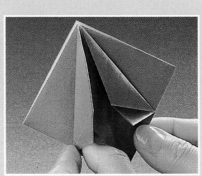

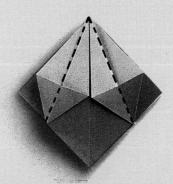

1. Empezar con la figura base VI. La esquina abierta queda hacia arriba. Doblar sobre la línea central...

3. Levantar verticalmente un ala...

6. Alisar con fuerza el doblez.

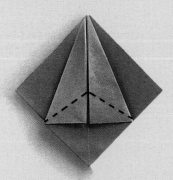

2. ...las dos alas superiores por las líneas auxiliares. Hacer un doblez muy pronunciado por las líneas de trazos.

4. ...abrirla...

7. Repetir lo mismo con la otra ala. Dar la vuelta a la figura y repetir por este lado los pasos **2** a **6**. Por la marca...

8. ...dar la vuelta a las dos alas exteriores de arriba hacia atrás y hacia dentro.

11. Doblar la punta anterior hacia delante y hacia abajo, y la punta de atrás hacia atrás y hacia abajo. Alisar los dobleces.

14. Con ayuda de los dobleces previos dar a la base una forma cuadrada.

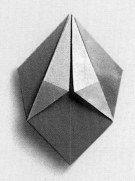

9. Alisar los dobleces, dar la vuelta a la figura y repetir el paso **8.**

12. Separar con cuidado las puntas superiores, izquierda y derecha, y abrir lentamente la cajita estrellada.

15. Alisar también los lados.

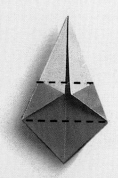

10. Hacer dos dobleces pronunciados por las líneas de trazos.

13. Alisar los cuatro lados superiores de la cajita.

16. Ésta es la cajita terminada.

Lirio

5. Alisar los dobleces. Doblar la figura por la línea central horizontal.

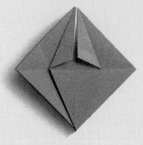

6. Doblar el lado superior, izquierdo y derecho de la «boca», haciéndolos coincidir sobre la línea central vertical y abrirlo otra vez.

1. Empezar con la figura base VI. La esquina abierta quedará hacia arriba. Por las líneas auxiliares...

3. ...abrir el ala...

7. Abrir un poco la «boca».

2. ...doblar fuerte. Levantar verticalmente el ala anterior derecha...

4. ...y aplastarla de tal manera que las líneas centrales verticales coincidan y aparezca una «boca».

8. Apretar hacia dentro, sobre la línea central, las esquinas de la «boca» de tal manera que los lados del papel también se toquen por la línea central.

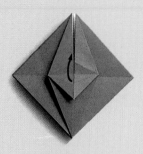

9. Alisar los dobleces. Doblar hacia arriba el pequeño triángulo por la línea central horizontal.

13. Dar la vuelta a la figura y repetir los pasos **2** a **12** con la otra mitad de la figura. Ahora tendremos cuatro lados iguales con forma de rombo.

17. Tirar hacia fuera de la punta superior izquierda y derecha.

10. El pequeño ala izquierda...

14. Doblar el lado inferior, derecho e izquierdo, de la parte anterior por la línea de trazos, haciéndolos coincidir sobre el medio.

18. Ésta es una íride.

11. ...doblarla hacia la derecha.

15. Repetir el paso **14** con las otras tres alas. Doblar pronunciadamente por la línea señalada.

19. Si ahora se doblan las cuatro hojas con un lápiz hacia fuera...

12. Repetir los pasos **2** a **11** con el lado anterior izquierdo.

16. Tirar hacia fuera con cuidado de la punta anterior y posterior.

20. ...tendremos un lirio.

5. *Repetir lo mismo con las otras tres alas. Doblar hacia la derecha la mitad izquierda del ala anterior.*

Rana

1. *Empezar con el paso* **9** *del lirio. Pero aquí la punta abierta quedará hacia abajo.*

3. *Repetir con las tres alas restantes los pasos* **1** *y* **2**. *Doblar...*

6. *Repetir lo mismo por el lado de atrás. Las dos mitades de la figura tendrán ahora otra vez cuatro alas iguales. Doblar...*

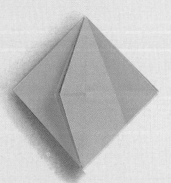

2. *Doblar hacia la izquierda el pequeño ala derecha por la línea del centro.*

4. *...el lado inferior, derecho e izquierdo, del ala anterior por las líneas de trazos, haciéndolos coincidir sobre la línea central vertical.*

7. *...hacia arriba las dos puntas anteriores inferiores por las líneas auxiliares y segunda ala derecha.*

8. Abrir la primera y segunda ala derecha.

9. Doblar hacia arriba la punta por el nuevo doblez y asegurar el doblez de la figura aplastándolo.

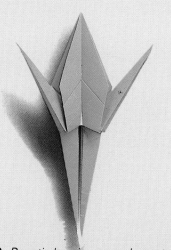

10. Repetir lo mismo con la punta izquierda. Éstas serán las patas delanteras de la rana.

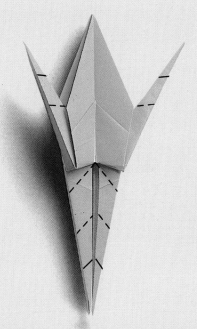

11. Ahora se modelarán las patas delanteras y traseras por las líneas señaladas. Un ejemplo:

12. Doblar por las líneas de trazos.

13. Abrir el doblez.

14. En el mismo doblez doblar hacia fuera la punta. Hacer lo mismo con los otros dobleces.

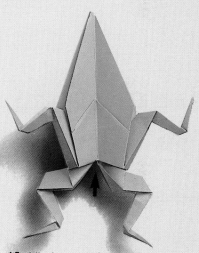

15. Hinchar con fuerza la rana por el agujero que hay entre las patas traseras y darle la vuelta.

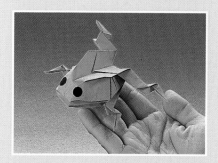

16. La rana está terminada. Los ojos se pueden pintar o pegar.

51

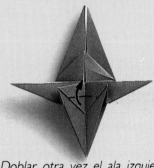

5. ...hasta que la línea central vertical del ala esté a la altura de la línea central horizontal de la figura.

Cangrejo

1. Empezar con el paso **10** del lirio.

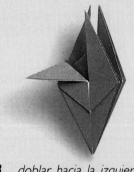

3. ...doblar hacia la izquierda la punta anterior izquierda y desdoblarla otra vez.

6. Doblar otra vez el ala izquierda y repetir lo mismo con el ala anterior derecha. Doblar la punta del pequeño triángulo por la línea marcada, haciéndola coincidir con el punto central.

2. Repetir lo mismo con las otras tres alas. Doblar hacia abajo el pequeño triángulo de arriba por la línea central horizontal. Por la línea auxiliar...

4. Abrir el ala por fuera y tirar hacia abajo de la punta...

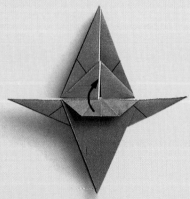

7. Seguir doblando hacia arriba el triángulo por la línea central horizontal. Doblar las tijeras y las patas traseras por las líneas auxiliares. El siguiente ejemplo ilustrará cómo se continúa:

8. Abrir la tijera derecha.

9. Volver hacia dentro la punta en el doblez. Hacer lo mismo con los otros dobleces.

10. Doblar de la misma manera que en los pasos **7** a **9** por las líneas de trazos.

11. Hacer dobleces pronunciados por las líneas de trazos.

12. Abrir un poco las dos pequeñas puntas del centro. Éstos serán los ojos.

13. Redondear las puntas de las tijeras desde los dobleces hacia la dirección opuesta.

14. Dar la vuelta a la figura.

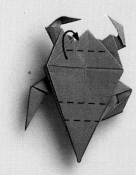

15. Doblar hacia dentro, por el doblez superior, la punta del triángulo. Doblar hacia arriba la parte inferior de la figura por la marca del medio y después doblar hacia abajo por la marca inferior.

16. Dar la vuelta a la figura.

17. El cangrejo está terminado.

6. *Abrir el doblez y aplastarlo.*

Nenúfar

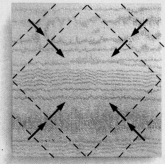

1. *Lo mejor es utilizar un papel fino, grande y cuadrado (por ejemplo, papel de seda de 24 cm de lado). Hacer dobleces previos por las líneas auxiliares.*

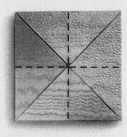

3. *...doblarlas de nuevo sobre el centro. Hacer dos dobleces por las marcas.*

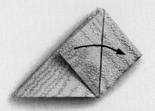

7. *Doblar hacia la derecha...*

8. *...la nueva ala izquierda.*

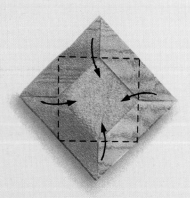

2. *Ahora doblar cada esquina, haciéndolas coincidir en el centro de los nuevos dobleces. Las cuatro esquinas...*

4. *Doblar la figura diagonalmente en el centro.*

9. *Repetir los pasos 5 a 8 con la mitad izquierda.*

5. *Levantar la mitad derecha de la figura verticalmente.*

10. *Levantar el ala anterior derecha verticalmente...*

11. ...abrirla y aplastarla.

12. Doblar el papel por la línea central horizontal.

13. Doblar la parte superior, izquierda y derecha de la «boca», haciéndolos coincidir sobre la línea central vertical y abrirlo otra vez.

14. Abrir un poco la «boca».

15. Apretar hacia dentro por la línea central la esquina derecha e izquierda de la «boca».

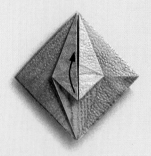

16. Doblar hacia arriba...

17. ...el pequeño triángulo por la línea central horizontal. A continuación...

18. ...doblar hacia la derecha la pequeña ala izquierda. Repetir desde los pasos 9 a 17 con las tres alas restantes.

19. Doblar hacia delante la punta anterior y la posterior hacia atrás...

20. ...entonces tirar hacia abajo de la punta derecha e izquierda.

21. Sujetar la figura por la punta superior, girar hacia arriba las puntas inferiores, sirviéndonos de un lápiz, y así tendremos las hojas exteriores.

22. Ahora abrir las hojas interiores y darles forma.

Grullas

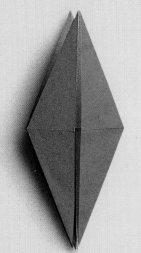

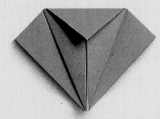

3. ...doblar hacia abajo la esquina superior.

7. Apretar hacia dentro las esquinas derecha e izquierda de la «boca», haciéndolas coincidir en el medio.

FIGURA BASE VII

4. Desdoblar otra vez los tres últimos dobleces.

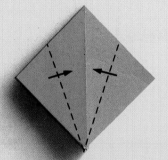

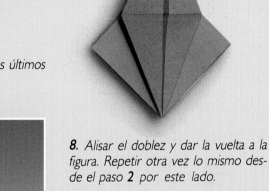

8. Alisar el doblez y dar la vuelta a la figura. Repetir otra vez lo mismo desde el paso **2** por este lado.

1. Empezar con la figura base VI. La punta abierta quedará hacia abajo. Por las líneas de trazos...

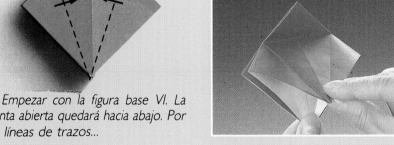

5. Abrir lentamente el ala superior de la punta inferior.

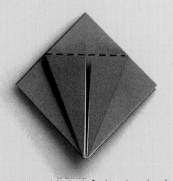

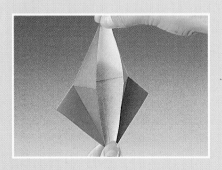

2. ...doblar el lado inferior, izquierdo y derecho, del ala superior, haciéndolos coincidir sobre la línea central. Por la marca...

6. Tirar hacia arriba lo más posible de la punta inferior.

9. La figura base VII está terminada.

Grulla volando

5. Doblar hacia dentro la punta por el nuevo doblez. Ésta será la cabeza.

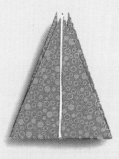

1. El punto de partida es la figura base VII. La punta abierta quedará hacia abajo.

3. ...la mitad inferior del ala anterior y repetir lo mismo por el lado posterior.

6. Enrollar hacia abajo con un lápiz las alas, partiendo de la punta, y darles su forma.

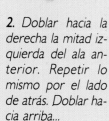

2. Doblar hacia la derecha la mitad izquierda del ala anterior. Repetir lo mismo por el lado de atrás. Doblar hacia arriba...

4. Sacar un poco de lado las puntas superiores, izquierda y derecha. Aplastando la figura se debe consolidar el doblez. Doblar la punta izquierda por la línea de trazos.

7. La grulla moverá sus alas si se la sujeta, tal como se ve en la foto, y se tira de la cola con cuidado.

Grulla parada

1. Empezar con la figura base VII. La punta abierta quedará hacia abajo.

3. Doblar pronunciadamente la figura por las líneas de trazos.

2. Doblar el lado inferior, derecha e izquierda, por las líneas auxiliares, haciéndolas coincidir sobre la línea central. Repetir lo mismo por el lado de atrás.

4. Para desplegar las alas, sujetar de esta forma cada uno de los lados.

5. Levantar la punta inferior de cada lado y doblar hasta obtener la figura **6**.

6. Apretar y juntar la figura.

7. Repetir lo mismo en el lado derecho. A continuación tirar hacia abajo de la punta derecha.

8. Aplastar la punta y separar con cuidado la figura por las alas.

Grulla incubando

3. ...hasta la punta superior. Repetir lo mismo por el lado de atrás. Doblar el ala anterior de tal manera hacia abajo...

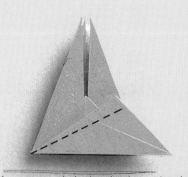

4. ...que su lado izquierdo esté sobre el lado inferior de la figura. Doblar hacia arriba otra vez...

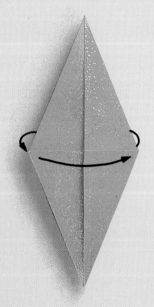

1. Empezar con la figura base VII. La punta abierta quedará hacia abajo. Doblar hacia la derecha...

2. ...el ala izquierda. Repetir lo mismo en el lado de atrás. Tirar de la punta inferior anterior...

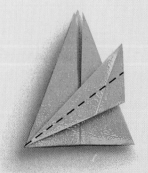

5. ...el ala por la marca. El lado izquierdo del ala estará exactamente sobre el lado izquierdo del triángulo. Por la línea auxiliar...

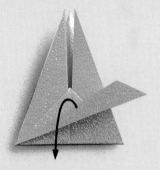

6. ...doblar otra vez hacia abajo. Colocar hacia abajo el ala anterior...

9. ...el ala anterior por la línea de trazos. Por la línea auxiliar...

12. ...doblar hacia dentro. La punta izquierda doblarla pronunciadamente por la marca.

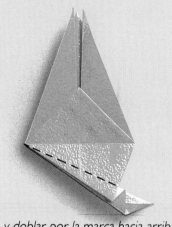

7. ...y doblar por la marca hacia arriba.

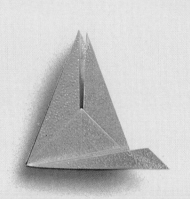

10. ...doblar hacia abajo por última vez.

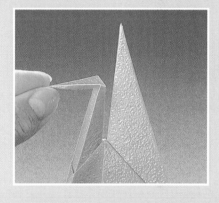

13. Doblar la punta hacia la izquierda por el nuevo doblez.

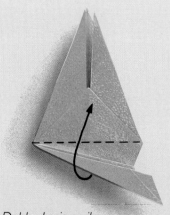

8. Doblar hacia arriba...

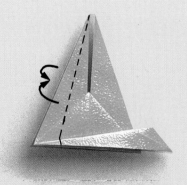

11. Repetir por el lado de atrás los pasos **4** a **10**. Pero entonces el ala se doblará hacia la izquierda. Abrir la mitad izquierda de la figura y por la línea de trazos...

14. Ahora, estirar las dos alas con cuidado.
La grulla incubando está terminada.

Estrellas

Estrella A

6. ...abrirla y aplastarla.

I. Empezar con la figura base VII. La punta abierta quedará hacia arriba.

2. Doblar la punta anterior de abajo sobre la punta de arriba.
Dar la vuelta a la figura.

4. ...doblar hacia la derecha y hacia la izquierda las puntas superiores y desdoblarlas de nuevo.

7. Repetir lo mismo con la punta derecha.

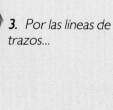

3. Por las líneas de trazos...

5. Levantar verticalmente la punta izquierda...

8. Si se pegan las tres estrellas, una sobre la otra, tendremos la estrella A.

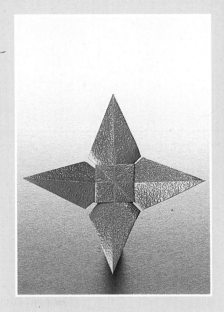

Estrella B

3. Doblar hacia arriba la punta inferior por la línea central horizontal.

6. Coger la figura en la mano. (Sujetar el ala anterior y posterior por las esquinas).

1. El punto de partida es la figura base VII. La punta abierta quedará hacia abajo.

4. Repetir lo mismo con la mitad derecha de la figura. Por las líneas de trazos...

7. Estirar poco a poco las puntas...

2. Abrir las dos alas de la mitad izquierda.

5. ...doblar los lados inferiores, haciéndolos coincidir sobre la línea central vertical; repetir lo mismo en el lado de atrás.

8. ...hasta que aparezca una forma cuadrada en el centro.

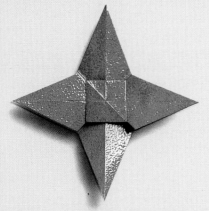

12. *...abrir el papel y aplastarlo.*

15. *Abrir los dobleces. Abrir el papel por la punta lentamente.*

9. *Alisar los dobleces. Dar la vuelta a la figura.*

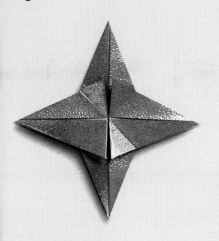

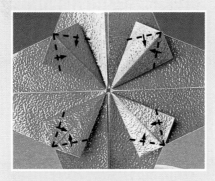

13. *Repetir lo mismo con los otros triángulos. Por las líneas de trazos...*

16. *Apretar las esquinas desde fuera hacia dentro. Repetir lo mismo con los otros triángulos. Dar vuelta a la figura.*

10. *Levantar hacia arriba...*

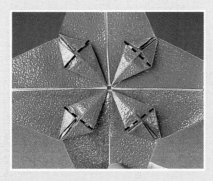

14. *...doblar los lados cortos hacia el centro. Doblar por las marcas.*

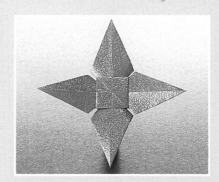

17. *Ésta es la estrella B.*

11. *...uno de los cuatro pequeños triángulos...*

Liebre

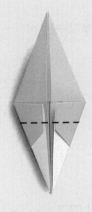

5. Por la línea de trazos...

6. ...doblar hacia arriba las puntas inferiores.

7. Doblar en el medio la figura de tal manera que las dos puntas queden fuera. Ahora volver la figura de modo que las puntas queden hacia la derecha. A continuación, tirar de las dos puntas del medio...

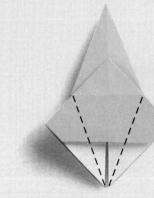

1. Empezar con la figura base VII. Dar la vuelta a la figura.

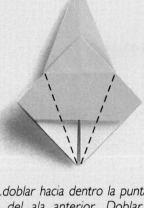

3. ...doblar hacia dentro la punta inferior del ala anterior. Doblar hacia atrás...

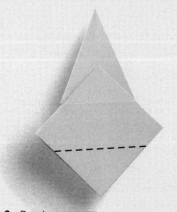

2. Por la marca...

4. ...por las líneas de trazos el lado inferior, izquierda y derecha. Dar la vuelta a la figura.

8. ...ligeramente hacia arriba y aplastar la figura. Doblar pronunciadamente por las líneas auxiliares.

9. Doblar las puntas por el primer doblez (1) hacia dentro...

10. ...y por el segundo (2) hacia fuera.

11. Doblar el papel por la línea auxiliar.

13. Doblar hacia abajo...

14. ...las orejas por las marcas. Hacer un doblez previo a las esquinas debajo del rabo, por la línea de trazos.

15. Ahora, doblar hacia dentro las esquinas por los nuevos dobleces.

12. Por el nuevo doblez se dobla el rabo otra vez hacia abajo.

16. Abrir los dobleces de las orejas...

17. ...y doblar las puntas hacia delante.

18. Hacer unos pequeños dobleces pronunciados por las marcas detrás de las orejas.

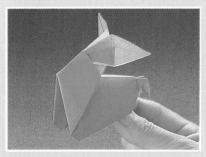

19. Abrir otra vez las orejas. La liebre está terminada.

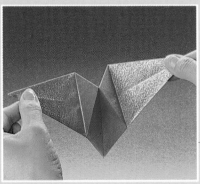

2. ...separarlas hasta...

3. ...que el papel esté totalmente liso.

Máscara de diablo

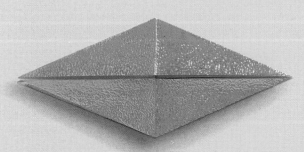

1. Empezar con la figura base VII. La punta abierta quedará hacia la izquierda. Las dos puntas que están en el lado izquierdo...

4. Dar la vuelta a la figura. Por las líneas de trazos...

5. ...aplastar las dos puntas salientes del medio y...

6. ...alisarlas de arriba abajo, hasta la base.

7. Doblar el papel en el medio.

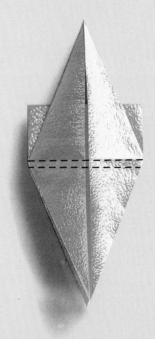

8. Hacer por las marcas dos dobleces paralelos.

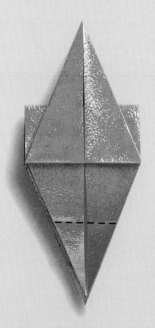

9. Doblar las alas anteriores: por el doblez superior, hacia dentro y hacia arriba; por el doblez inferior, hacia fuera y hacia abajo.

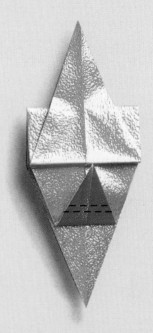

10. Doblar hacia arriba la punta anterior inferior por la línea de trazos. Hacer dos dobleces paralelos por las marcas.

11. Por el doblez inferior, doblar hacia abajo; por el doblez superior, doblar hacia arriba. Ésta será la nariz. Hacer dos dobleces paralelos en el triángulo inferior. Para las cejas...

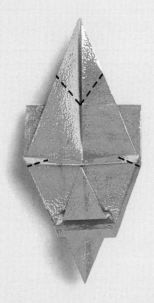

14. Deshacer los dos últimos doble-ces; abrir las puntas...

12. ...doblar hacia arriba las dos esqui-nas del medio por las líneas auxiliares. Doblar otra vez hacia abajo las esqui-nas izquierda y derecha por las líneas de trazos. Para la boca, doblar el papel por el doblez superior hacia arriba, y por el doblez inferior, hacia abajo. Las dos puntas superiores...

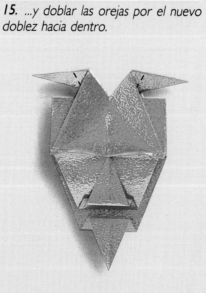

15. ...y doblar las orejas por el nuevo doblez hacia dentro.

17. Abrir un poco la barba...

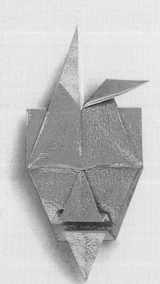

13. ...doblarlas hacia la izquierda y ha-cia la derecha por las marcas.

16. Se doblarán las puntas otra vez hacia arriba por las líneas auxiliares de la misma manera (pasos **13** a **15**). Dar la vuelta a la figura.

18. ...y apretarla otra vez.

19. Doblar la figura en el medio y por las líneas a trazos...

21. Doblar hacia dentro la parte superior de la cara por los nuevos dobleces y abrirla otra vez.

23. ...doblar otra vez hacia delante las puntas y desdoblarlas.

20. ...hacer un doblez previo al papel.

22. Por las líneas auxiliares...

24. Formar la nariz y entonces la máscara del diablo estará terminada.

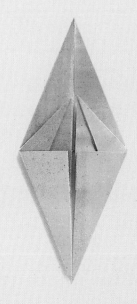

3. ...doblar los lados inferiores haciéndoles coincidir sobre la línea central vertical.

Máscara de zorro

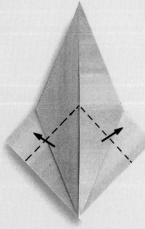

1. Empezar con el paso **7** de la figura base VII. Por las líneas de trazos...

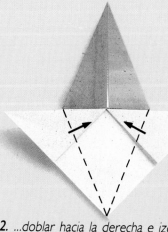

2. ...doblar hacia la derecha e izquierda las alas inferiores por la línea central horizontal. Por las marcas...

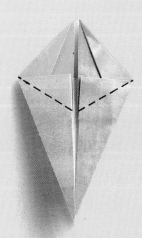

4. Doblar hacia atrás la punta superior por la línea central horizontal. Por las líneas auxiliares...

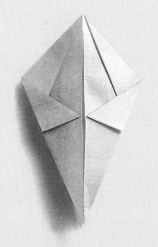

8. *Por las líneas indicadas, doblar los lados cortos de las pequeñas «bocas» sobre la línea central.*

11. *...y apretar los lados cortos hacia dentro por la línea central.*

5. *...doblar hacia abajo las dos esquinas del medio...*

6. *...desdoblar otra vez y levantar los pequeños triángulos.*

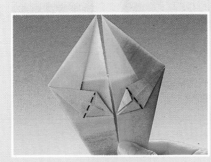

9. *Hacer dos dobleces por las marcas.*

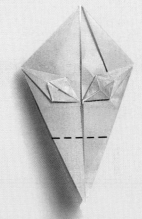

12. *Por la línea marcada...*

7. *Abrir los triángulos y aplastarlos, de tal manera que aparezcan pequeñas «bocas».*

10. *Deshacer otra vez los pasos **8** y **9**. Abrir un poco en el medio las «bocas»...*

13. *...doblar hacia arriba la punta inferior anterior. Por las líneas de trazos...*

14. *...doblar hacia la izquierda la punta inferior y central...*

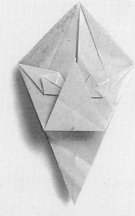

17. *Deshacer también estos dos dobleces y doblar otra vez hacia arriba la punta anterior.*

20. *Juntar la figura en el medio.*

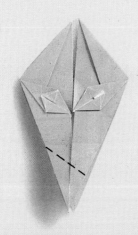

15. *...y desdoblar otra vez. Ahora, doblar hacia la derecha...*

18. *Levantar las puntas, aplastarlas juntas en el medio y...*

21. *Apretar las esquinas hacia dentro y abrir las orejas.*

16. *...las dos puntas por las marcas.*

19. *...alisarlas hasta la base.*

22. *Ésta es la máscara de zorro.*

Desierto

3. ...doblar hacia arriba la punta inferior derecha. A continuación, desdoblar.

Camello

4. Abrir las dos alas de la mitad derecha...

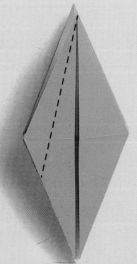

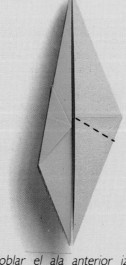

1. Empezar con la figura base VII. La punta abierta quedará hacia abajo. Por la línea de trazos...

2. ...doblar el ala anterior izquierda hacia delante y el ala de atrás hacia atrás. Por la línea marcada...

5. ...y doblar otra vez hacia arriba la punta inferior por el nuevo doblez.

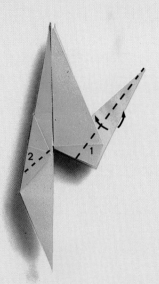

8. ...y doblar hacia arriba la punta inferior izquierda por el nuevo doblez.

6. Por la primera (1) línea auxiliar doblar la parte anterior del ala derecha hacia la izquierda, por delante, y la parte de atrás, hacia la izquierda, por detrás. Hacer un doblez pronunciado por la segunda (2) línea auxiliar.

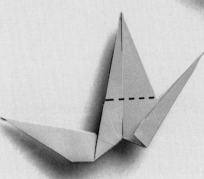

9. Por la línea de trazos...

11. Abrir otra vez los dobleces de la punta derecha. Doblar hacia la derecha...

7. Ahora, abrir las dos alas de la mitad izquierda...

10. ...doblar hacia delante y hacia atrás las puntas superiores.

12. ...el ala central por la línea de trazos y aplastar el nuevo triángulo.

13. Repetir lo mismo en la parte de atrás. Éstas serán las patas delanteras.

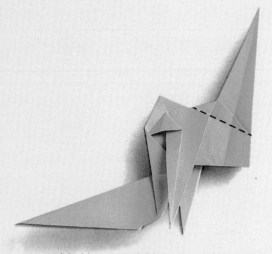

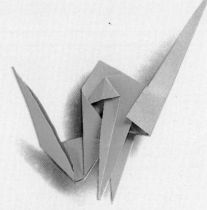

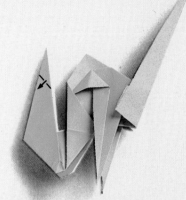

14. Hacer un doblez pronunciado por la línea marcada.

17. ...del ala derecha hacia la izquierda, por delante, y la parte de atrás, hacia la izquierda, por detrás. Por la línea auxiliar (comparar con el paso **16**) doblar hacia arriba la punta izquierda...

20. Doblar pronunciadamente la punta izquierda por la línea de trazos.

15. Levantar la pata delantera. Apretar hacia dentro la esquina superior por la línea marcada.

18. ...desdoblar otra vez y abrir las puntas.

21. Abrir la punta...

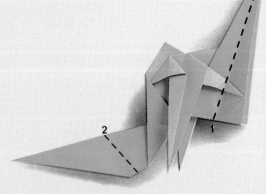

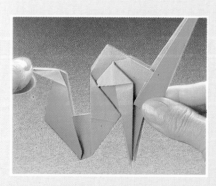

16. A continuación, doblar la parte anterior...

19. Doblar hacia arriba el papel por el nuevo doblez.

22. ...y doblar el papel hacia la izquierda por el nuevo doblez.

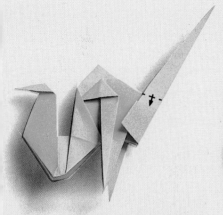

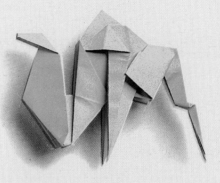

23. Doblar un poco hacia dentro la punta. Ahora, doblar la punta derecha por la marca.

26. Hacer dos dobleces paralelos por las líneas auxiliares.

29. El camello está terminado.

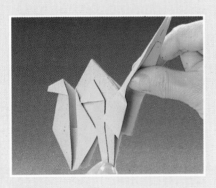

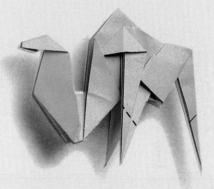

24. Abrir el ala...

27. Abrir el ala. Doblar por el primer doblez la punta hacia arriba...

30. Si queremos que el camello se siente tendremos que doblar las patas delanteras por las líneas de trazos, hacia la derecha, y las patas traseras, hacia la izquierda.

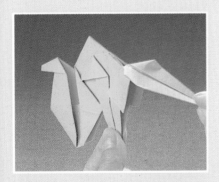

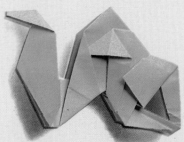

25. ...y por el mismo doblez, doblar el papel hacia dentro.

28. ...y por el segundo doblez hacia abajo. Éstas serán las patas traseras.

31. Aquí tenemos el camello sentado.

*Árbol de
Navidad*

Bota

1. Se necesita una hoja de papel cuadrada que tenga 0,5 cm más de ancho que de largo. Doblar el papel previamente por las líneas auxiliares y darle la vuelta, de manera que el lado blanco quede arriba.

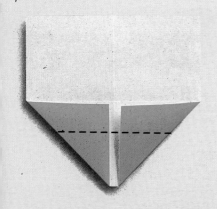

2. Doblar las dos esquinas inferiores sobre la línea central horizontal. Por las marcas...

3. ...doblar hacia arriba la punta inferior. Por la línea de trazos, doblar otra vez hacia abajo la punta. Por la línea marcada...

4. ...doblar hacia atrás el lado superior. Doblar el lado exterior, derecha e izquierda, haciéndolo coincidir sobre la línea central vertical y desdoblar otra vez.

5. Doblar la mitad izquierda hacia la derecha.

6. A continuación, tirar de la punta inferior un poco hacia la izquierda y alisar el nuevo doblez.

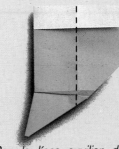

7. Por la línea auxiliar doblar hacia dentro...

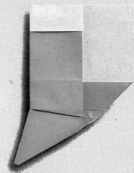

8. ...el lado anterior del papel.

9. Doblar hacia la izquierda la parte derecha del papel.

10. La bota está terminada.

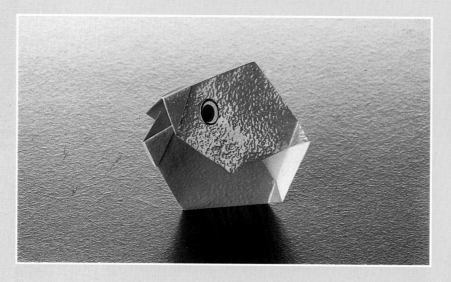

Pez hablador

1. Se necesita una hoja de papel rectangular. El ancho debe ser menos de la mitad del largo. Doblar por la línea de trazos.

2. Colocar el papel, con el lado en color, hacia abajo. Doblar las cuatro esquinas...

3. ...por las marcas, haciéndolas coincidir con la línea central.

4. Dar la vuelta a la forma. Doblar hacia la derecha e izquierda...

5. ...las puntas por las líneas auxiliares.

6. Doblar la figura por el medio. Dentro quedará el lado blanco del papel.

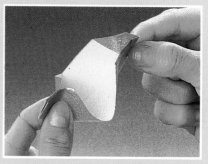

7. Sujetar la figura por ambos extremos y meter uno en otro.

8. Sujetar la figura con dos dedos por los extremos y apretar desde abajo el doblez central.

9. Colocar uno encima de otro los dos lados inferiores de la figura y alisarla presionando.

10. Los ojos se pueden pintar o pegar; doblar a ambos lados un pequeño trozo de la cola.
El pez hablará si se tira un poco de la cola por ambos lados.

Mono

1. Se necesita una hoja triangular de papel. Para conseguir este punto de partida lo mejor es doblar diagonalmente un papel cuadrado. Doblar por las líneas de trazos.

2. Doblar las esquinas inferiores, izquierda y derecha, sobre la esquina superior. Por las marcas...

3. ...doblar el lado superior, izquierda y derecha, haciéndolos coincidir sobre la línea central vertical y desdoblar otra vez.

4. Abrir la mitad izquierda de la figura...

5. ...y doblar hacia dentro la parte izquierda de la mitad izquierda por el nuevo doblez.

6. Doblar otra vez la mitad izquierda del papel.

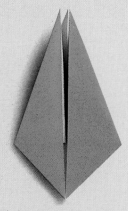

7. *Repetir los pasos **4** a **6** con la mitad derecha de la figura.*

8. *Doblar la figura por el medio, cuidando de que el lado cerrado del papel quede dentro. Doblar por la marca...*

9. *...el ala superior hacia la derecha y el ala de atrás hacia la izquierda. Éstos serán los brazos. Partir los brazos por el medio, doblando la parte superior en el medio hacia abajo. Dar la vuelta a la figura.*

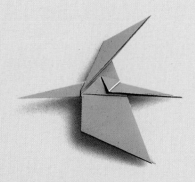

10. *El lado más largo quedará hacia la derecha. Doblar previamente hacia la derecha la punta superior.*

11. *Abrir la punta y doblar hacia la izquierda y hacia abajo. Ésta será la cabeza.*

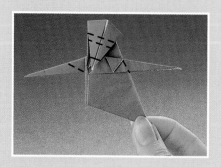

12. *Hacer tres dobleces paralelos por las marcas de la cabeza. Por las líneas señaladas...*

13. *...doblar previamente el brazo derecho y doblar el brazo izquierdo hacia arriba. Doblar el papel por el doblez superior de la cabeza hacia dentro, por el segundo hacia fuera, y por el tercero, otra vez hacia dentro.*

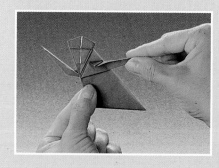

14. *Abrir el brazo izquierdo del mono un poco por abajo.*

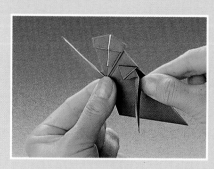

15. *Doblar hacia dentro la parte inferior del brazo por el doblez.*

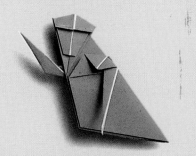

16. Doblar el otro brazo de la misma manera.

19. Tirar de la punta un poco hacia la derecha y aplastarla. Doblar otra vez la punta hacia dentro.

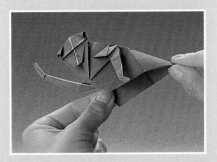

22. Deshacer el doblez y abrir la punta.

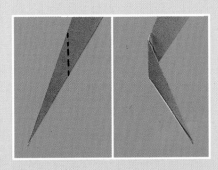

17. Doblar hacia la derecha la punta del brazo izquierdo por la línea de trazos y desdoblar otra vez.

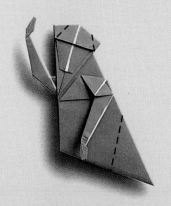

20. Así se doblará también la mano derecha. Doblar por las marcas las esquinas derecha e izquierda de la cabeza. Doblar hacia la izquierda...

23. Doblar hacia dentro la punta por el nuevo doblez.

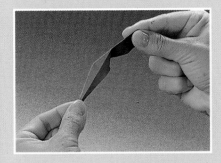

18. Abrir la parte inferior de la punta hasta el doblez; aparecerá una forma romboidal.

21. ...la punta inferior de la figura por la línea de trazos.

24. Redondear las orejas. El mono está terminado.

Tarjetas

1. Feliz Navidad (estrellas).

3. Invitación a una fiesta de verano (mariposa).

2. Modelo de fantasía para inspirarse.

4. Fiesta de carnaval (monito).

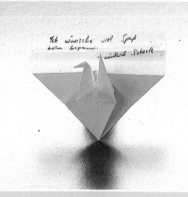

5. Feliz cumpleaños (violeta).

7. «Tengo una hermanita».

6. Pavo real.

Tarjetas de mesa

Título Original:
Hobby Origami

Traducción:
Miguel Presa Pereira

Foto de cubierta:
Estudio fotográfico Burock

Fotografías:
Estudio fotográfico Burock
y Peter Borsche

OCTAVA EDICIÓN

© Falken Verlag GmbH,
Niedernhausen/Ts y
© EDITORIAL EVEREST, S. A.
Carretera León-La Coruña, km 5 - LEÓN
ISBN: 84-241-5656-0
Depósito legal: LE. 1049-2006
Printed in Spain - Impreso en España
EDITORIAL EVERGRÁFICAS, S. L.
Carretera León-La Coruña, km 5
LEÓN (España)
Atención al cliente: 902 123 400
www.everest.es